Sternenleben klären

Unsere Sternenleben wollen geklärt werden. Und wir dürfen
dies durch Gott und die lichtvolle geistige Welt. Wir spüren
in unsere Sterneleben in diesem Buch und bitten um Versöh-
nung, heilen auch Ahnen und Anteile auf fernen Planeten, und
wir werden heil auf diesem. Gott lenkt. Wenn wir uns ganz dem
Weg öffnen, können wahre Wunder des Eins-Seins und Frie-
dens in uns geschehen. Und wir sind, die wir sind. Ägyptisch:
Ba Ra Sekhem. Und dies heißt: Wir sind Gott, die Seele, das
Höchste Selbst, unendliche Lebenskraft und reines Bewusstsein. Und wir spüren dies. Der Ba der Einheit wird in uns erhellt
und fortan erlebt. Auch die aufgestiegenen Meisterinnen und
Meister unterstützen den Prozess, der der hochentwickelten
Seele dient, sich zu entfalten. Namasté.

Zu meiner Person:

Nach und während einer klassischen Ausbildung, einem Studi-
um im geisteswissenschaftlichen Bereich und einer Dissertation,
wurde der spirituelle Weg immer deutlicher für mich zum Leit-
stern meines Lebens in dieser Welt.
Die hohen Energien von Avalon, die die Druiden einst einsetz-
ten, um heiliges Wissen zu verbreiten, kehren zurück, und in dieser Tradition steht sowohl diese Publikation, wie mein Leben im
Licht der Einheit.
Merlin, der aufgestiegene Meister, der ich bin, hat in der neuen
Zeit die Aufgabe, mit den Menschen an dem Aufstiegsprozess
zu arbeiten und sie daran zu erinnern, dass sie das hohe Liebes-
bewusstsein Gottes sind.

Namasté.

Workshop

Sternenleben klären

Mit Gott & den Engeln

Dr. Christian Hüls

Informationen und weitere Hinweise:
www.christian–huels.de
Blog: spirit.fotografie–huels.de

Bibliografische Information der Deutschen Nationalbibliothek:
Die Deutsche Nationalbibliothek verzeichnet diese Publikation in der Deutschen Nationalbibliografie; detaillierte bibliografische Daten sind im Internet über www.dnb.de abrufbar.

Herstellung und Verlag:
BoD – Books on Demand, Norderstedt
ISBN 9783750417762

Inhalt

Inspiration und Mut ist Gottes Geschenk für alle Menschen. Und wir sind Liebe. Spürt die Liebe Gottes, und sie heilt. Ba Ra Sekhem.

Merlin & Metatron

Als ich anfing, meine Sternenleben zu klären, geschah dies durch Gott und die Engel.

Ich blicke wie durch einen Tunnel in das Antlitz Gottes, sah mich selbst auf anderen Planeten. Ich hatte die Aufgabe, mit diesen Wesen zu kommunizieren, die zugegeben, ganz anders aussahen, als wir es gewohnt sind, sowohl die bekannten Darstellungen, mögen manche stimmig sein, als auch für menschliche Verhältnisse vielleicht fremd, spürte ich die Intelligenz dieser Wesen oder Seelen. Ich sprach über die Erde, wie es ist, hier zu leben, sein spirituelles Sein zu erleben und spürte Wissensdrang bei den „Aliens". Es waren mehrere, mit denen ich kommunizierte mit unterschiedlichem Background, von anderen Planeten.

Ich war tief beeindruckt von dieser Erfahrung, die so automatisch geführt auf mich zukam, dass ich von da an stets und häufig mit Außerirdischen geführten Kontakt hatte.

Allein diese Erfahrungen könnten Seiten dieses Buches füllen, denn es folgten sowohl verschenke „Sternenclearings", das heißt, ich spürte, dass ich auf anderen Planeten einst Karma erzeugt hatte, und ich wurde dann mit Engeln und Erzengeln auf diese Planeten gezogen, um etwas wieder gut zu machen. Ich klärte, zusammen mit meiner damaligen Ausbilderin, wohlgemerkt geführt, auf fernen Planeten Räume und Energien, dies ging auch eine Stunde. Es war der Beginn einer langen Beschäftigung mit planetaren karmischen Räten, mit einem Begriff davon, warum diese Erde ein so karmischer Planet ist, warum es Krieg, Übel und Leid gibt. Gemeinsam mit Merlin richtete ich den Baum des Lebens der Erde an einem geheimen Ort wieder auf, den einst die Druiden oder die Seelen verschlossen hatten, und vor meinem geistigen Auge wurde die Erde in ein neues Bewusstsein gehoben, als ob es (bald) den Seelen nicht mehr erlaubt sei, Zugriff auf die Dualität zu erhalten und Macht zu missbrauchen, um den Planeten auszubeuten, sich also abzutrennen von der göttlichen Einheit. So wurde mir gezeigt, dass viele Planeten mit diesem Planeten zusammenhängen, und wir aus bestimmten Gründen den Zeitabschnitt der Abtrennung oder Dualität erduldet hatten. Seth wurde mir gezeigt, als ein Strafproblem für die Vernichtung eines ganzen Planeten (bei Beteigeuze). Erst wenn Seth steigt, wird die Erde erweckt, und die Dualität endet in uns. Wir sind Licht, und aus Licht und Liebe geboren, und wir werden diesen Planeten in Zukunft nicht mehr ausbeuten.

Und dieser Planet steigt, und Seth ist Licht und Liebe, und nur dies.

Und wir bitten den karmischen Rat der Erde um Vergebung, indem wir sprechen:

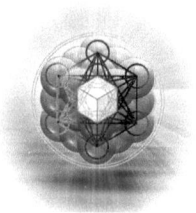

Ba Ra Sekhem, und wir bitten Gott um Gnade und Wohlwollen, damit wir aufsteigen und alles Karma beseitigen. Wir sind, die wir sind.

Die Pyramiden werden nun wieder in ihre alte Funktion gestellt, sie sind Energieverstärker, und gemeinsam steigen wir auf.

Wir werden unser Sternenbewusstsein integrieren, und die Pyramiden leuchten, und wir werden die Erde in dieser Inkarnation erwecken.

Wir spüren es, die Sternenleben wollen angeschaut und geheilt werden. Und wir sind, die wir sind. Ägyptisch: Ba Ra Sekhem.

Und Gott heilt uns, und wir bitten ihn darum.

Ich werde in diesem Buch mit Affirmationen arbeiten, und darum gilt es, diese in sich zu spüren. Bitte nehmen sie sich Zeit, und lassen sie jeweils die Affirmationen wirken. Außerdem kann es ratsam sein, dies Buch mehrfach zu lesen.

Es ist wichtig, sein geistiges Auge zu schulen.
Dies gelingt, wenn wir Gott bitten. Und dies tun wir.

Wir bitten in Liebe: *Gott, bitte heile mein drittes Auge, und auch Erzengel Metatron bitte ich dazu sowie Erzengel Raziel, mich zu heilen.* Und ich spüre dies.

Ich bitten nun, dass Alles zum höchsten Wohle Aller Beteiligten gefügt wird, und die Sternenleben heilen, Ba Ra Sekhem.

Und Gott erlaubt es.

Ba Ra Sekhem.

Wir sind Licht, und dies dürfen wir häufiger betonen, denn in Wahrheit sind wir dies.

Ba Ra Sekhem.

[Auf der linken Seite finden Sie fortlaufend Heilgebete und Affirmationen, die dem Eins-Sein dienen.]

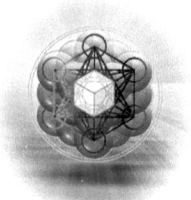

Sternenleben klären

Mit Gott & den Engeln

In diesem Buch geht es um die Sternenleben, die wir einst hatten oder noch haben.

Wir werden in diesem Buch unsere Sternenleben genauer betrachten.

Dies geschieht durch Gott und die Engel.

Und gleichzeitig heilen unsere Glaubenssätze.
Denn wir stammen von fernen Planeten. Dieses ist nicht der erste Planet, den wir bewohnen.
Wir sind auch unsere Sternenleben.
Und dieser Planet ist einer unter vielen.

Wir können einmal Gott und die Engel um Hilfe bitten, in dem wir zum Beispiel sprechen:

*Ich bin Lebenskraft und Wille. Ich bin (ägyptisch):
Ba Ra Sekhem. Und ich spüre dies. Gott lenkt, und er
oder sie ist unendliche Liebe und Gnade, und wir
widmen uns dem Eins-Sein in uns selbst, und die Erde
ist Licht. Sie ist eine Quantenillusion, und sie heilt,
wenn wir dies wollen. Wir spüren die Liebe Gottes,
und wir sind, die wir sind. Die Erde ist Licht, und ihr
Atem berührt die Seelen. Ba Ra Sekhem.*

Gott, bitte heile mein drittes Auge.
Lass mich nun aufsteigen in mein höchstes Bewusstsein,
das ich jemals erfuhr.

Ich bin Licht, ich bin Liebe, ich bin Wille, ich bin Weisheit,
und ich manifestiere dies. Ich bin Gott selber hinter all den
Kulissen, die ich einst selbst schuf.

Wir sind Licht. Wir sind, dass Wir-sind-Bewusstsein.

Und wir spüren dies.

Wir sind Licht.
Und wir lösen alle Klammern in uns.
Und wir sind Licht.
Gott heilt in uns.
Und wir klären unsere Sternenleben, und unsere Sternengeschwister nicken und stimmen zu.
Wir sind Licht.
Und ich bin Saraburai (das höchste Sternenwesen).
Wir lassen dies wirken.

Und Gott heilt erneut unser drittes Auge.
Und wir sind Licht.
Wir werden jetzt ein Sternenleben erhellen.
Und es zeigt sich für unser drittes Auge.

Wir bitten Gott und die Engel um Schutz, wenn wir aufsteigen.
Und Gott lächelt. Er ist weder männlich noch weiblich, er

Gott, erhöhe meine Schwingung, denn ich bin Licht, und ich bin, der ich bin. Ba Ra Sekhem. Und ich bin Licht. Kuthumi reicht mir die Hand, und wir gehen den Weg in die göttliche Urquelle, die uns berührt und erhellt, erweckt und liebt. Und ich bin, der ich bin. Ba Ra Sekhem.

ist eine ungeheure Kraft.
Und er lässt uns das Sternenleben erblicken, wenn es sein Wille ist. Und das ist er.
Und wir gehen ins Glück der Einheit, die wir in Wahrheit sind.
Und wir sind dies.

Und der Saraburai hält uns die Hand.
Er ist höchstes Sternenleben und Gnade.
Und er heilt es.

Und ich bin Licht.
Und Gott ist unendliche Liebe und Gnade.
Er oder sie will unendlich Gutes, und das nehmt ihr wahr.

Und wir spüren nun unser Sternenleben, das sich jetzt zeigen soll.

Was spüren wir, was zeigt sich?
Spüren wir Licht und Frieden?
Oder spüren wir etwas Dunkles, Unrundes?

Und Erzengel Metatron hilft uns.
Er ist eine ungeheure Kraft.
Und er lässt uns die Sternenleben erblicken, die uns gezeigt werden dürfen.
Und er darf dies.
Er hilft uns, das Sternenleben zu beruhigen.

Und wir spüren seine Gnade.

Und Gott und Amun Ra sprechen:
Wir sind Leben, wir sind, die wir sind.
Und wir erlauben uns selber zu leben, lieben, lachen im
Licht der Einheit, die wir in Wahrheit sind und nie
verließen. Wir sind Leben.
Ankh – ägyptisch: Und der Sonnengott erleuchtet unser
Gehirn.
Ba Ra Sekhem (Amun, ich bitte Dich meinen Geist, mein
Höchstes Selbst von nun an nur Licht, Liebe, Leben und
Fülle in mir erleben zu lassen.)
Und reine Transzendenz sieht dies vor.
So seid, und Ihr seid, die Ihr seid.
Ägyptisch: Ba Ra Sekhem – und Ankh (=Leben).
Und Amun Ra lässt die Sonnenbarke leuchten.
Und der ägyptische Gott der Weisheit – Thoth lässt den
göttlichen Menschen in uns erblühen.
Und wir bitten ägyptisch (oder deutsch: Nuk hekau, nuk
hekau, nuk hekau = Ich bin Macht, und ich lasse alle
Dunkelheit los, ich vertreibe alle Dunkelheit erneut). Ba
Ra Sekhem, und der Ka (der Lichtkörper der Trennung), er
weicht.
Wir sind Licht, reines Bewusstsein und unser Körper heilt
erneut, denn wir sind Licht=Leben.
Und die Schlange des Lichtes heilt, sie ist unendliche
Gnade und „Führung" für den Lichtmenschen in uns.

Und wir sind Licht.
Gott heilt uns.

Und ich öffne nun einen heiligen, heilenden, multidimensionalen, galaktischen sowie omniversalen Raum. Dies ist ein geschützter Raum, in dem wir beruhigt meditieren können.

Und wir lassen uns ganz fallen in die Arme Gottes, der oder die wir in Wahrheit selbst sind.
Und Gott heilt erneut.
Er möchte, dass wir etwas erkennen in dem Sternenleben, das sich nun zeigt.

Und wir sind Licht.
Welches Sternelneben zeigt sich, was siehst Du?
Und Du spürst es genau.

Und Du lässt Dich wieder fallen in die Arme Gottes.

Und wir klären das Sternenleben erneut.

Gott lenkt, und wir sind Licht. Wir sind immer in seinen Armen.
Wenn wir ganz aufsteigen, dann erhellt uns Gott.

Und er erhellt uns.

Was spüren wir?
Was zeigt sich vor unserem geistigen Auge?

Und die Welt heilt, wenn wir Amun darum bitten.
Wir können auch Gott und Amun Ra darum gleich-
zeitig bitten, denn sie sind in einem All der Dualitäten
eins. Und so wir. So bitten wir um Heilung, Transzen-
denz, Macht und Schwingungserhöhung.
Erlaubnis erteilt, denn Gott ist allmächtig.
Und so sind wir erleuchtet, wenn wir dies zulassen
und wünschen, denn wir sind Licht.
Und die heilige Barke leuchtet und löst Trennungen
und Verletzungen in uns und in der Welt, die unser
Bewusstsein vorhält. Dies heißt, wir können diese Welt
durch unser Bewusstsein heilen.
Und wir sind Ba Ra Sekhem, und auch die Tiere heilen
mit uns.
Ba Ra Sekhem, sie sind Licht, wie wir. Ba Ra Sekhem.
Lasst Euch fallen in die Arme Eurer Seele und seid, und
Ihr seid, die Ihr seid.
Ba Ra Sekhem.

Sehen wir schon hell und klar?
Sonst bitten wir Gott um einen Vorschuss.
Zum Beispiel durch folgende Bitte:

Gott, bitte erlaube mir zu schöpfen in Liebe, dass ich hell und klar sehe.

Ich bitte Dich in Liebe, mir alle meine Sternenleben zu vergeben, die ich jemals gelebt habe.
Lass mich deine Liebe spüren.
Und ich bin Licht, und ich vergebe mir selber. Ich bitte Dich erneut, mir zu verzeihen, und ich gebe mein ganzes Sein in Deine Hände.

Ich bitte Dich, in Licht und Liebe und Frieden zu leben.
Und ich bin dies in der Reinform.

Und ich bin Licht.
Und ich bin Leben, ägyptisch: Ankh.

Nun spüre die Liebe Gottes, sie umfängt Dich.
Und sie ist unendliche Liebe und Gnade.
Und wir spüren dies.
Gott liebt uns unendlich. Und darum dürfen wir bitten:

Gott, bitte erlaube mir nun erneut, das Sternenleben zu klären und es hell zu sehen.

Was geschieht vor unserem geistigen Auge?
Die Sternenleben heilen.

Wir alle sind Gott, und dies ist keine „Anmaßung", denn das All ist eins, es ist Glanz, Licht und Liebe. Es reagiert auf unsere Sorgen, Ängste und Nöte, wie auf unsere Freude und unser Glück. Wir sind alle miteinander Gott selber. So spricht Gott durch mich und andere Medien und spricht mit sich selber – er redet zu Herzen, zum Verstand und „nutzt" unsere Hände, unsere Ohren und Beine, unsere Münder und Körper, denn wir sind alle Gott selber.

Gott spricht durch die Engel und Erzengel, damit dies Spiel die Würde und Tiefe erlangt, die wir ihm geben. Und wir sind in Wahrheit ständig mit allem verbunden. Und so steigen wir selber, wenn wir uns ganz dem Aufstieg widmen. Wir sind Gott selber. So spielen wir oft „Theater" vor anderen, ohne zu wissen, dass die Seelen, die bereits sehr hoch schwingen, dies Schauspiel klar erkennen und „ausnützen", um uns unsere Lernthemen zu spiegeln, denn wir ernten, was wir säen. So unter anderem unsere vielleicht auch negativen Energien, die wir dem anderen (Gott selber) senden. Gott spricht mit sich selbst, wenn er sich in seinen Unterscheidungen erlebt, und so fühlt er oder sie, wie es ist, ein Mensch zu sein, ein Verstand, ein Gedächtnis, darauf zu fußen, darauf beruhend Entscheidungen zu treffen, sich selbst ganz zu lieben – und am anderen Pol der Dualitäten sich aufzugeben oder gar zu hassen.

Und Gott ist reine Liebe und Gnade.
Wir heilen unseren Erdenstern und unser höchstes Chakra.

Und Gott reicht uns die Hand, und wir sehen hell und klar.
Wenn wir in tiefer Liebe und Demut bitten, dass wir das Sternenleben sehen und heilen dürfen, gibt Gott uns die Erlaubnis.

Und wir sehen das Sternenleben. Und wir spüren die Liebe Gottes. Und wir sind Licht.

Und wir channeln in der Reinheit, so nennt sich dies.

Und wir sind Licht.
Spüren wir, dass sich das Sternen Leben in uns klärt?

Oder was spüren wir genau?
Hören und lauschen wir, sehen wir genau hin.

Und wir nehmen uns Zeit.

Und in Wahrheit gibt es nur Gott selber.
Und dies All ist eine Illusion.

Und wir spüren die Liebe Gottes erneut.

Und wir sind, die wir sind.
Und wir heilen uns selber, wenn wir aufsteigen.

Es ist ein Wimpernschlag im All der Dualitäten, das Leben zu spüren. Es ist dennoch für uns manches mal „anstrengend" oder scheinbar mit Hindernissen verbunden. Wie kann dies sein, da wir Gott selbst sind?

Wir sind, die wir sind. Und Gott entscheidet durch den karmischen Rat, der auf tiefer Ebene eine Illusion ist, wer wann auf der höchsten Schöpfungsinstanz entscheidet. So wird einigen Menschen erst nach und nach das „Tuch der Trennung" weggezogen, das dies Spiel in Gang hält. Hierbei schöpfen wir durch Aufstiegsprozesse unser Leben mit. Denn aus höchster Perspektive sind wir reines Bewusstsein. Und wir lösen alle Trennungen in uns, wenn wir Gott und den Schöpfer aller Universen und mehr, die höchste Schöpfungsinstanz, darum bitten, den Aufstieg in uns zu beschleunigen. Und dies dürft Ihr tun.

Bittet ganz im Vertrauen:

Gott erlaube mir, mein altes Karma abzustreifen wie ein altes Gewand und von nun an mitzuwirken an Deiner Schöpfung, denn sie ist unendliche Liebe und Gnade, und bitte lass mich aufsteigen in mein hohes Bewusstsein der Einheit. Denn dann gehen die Trennungen. Und wir sind Licht=Liebe und Leben. Ägyptisch: Ba Ra Sekhem.

Und ich erlaube mir selber, Aufstieg zu sein.

Ich transzendiere alle Gewänder der Dunkelheit in mir, und ich bin Licht.

Und wir erreichen dies, indem wir Gott bitten, dies tun zu dürfen.

Wir heilen uns selbst.
Wir sind Licht.
Wir spüren die Gnade Gottes erneut.

Und wir sind, die wir sind.

Was spüren wir?

Wir dürfen unsere Sternenleben klären.

Und wir spüren die Liebe Gottes erneut. Sie heilt uns unendlich.
Und die Sternenleben heilen.

Um dies genauer zu verstehen, muss man wissen, dass vieles bis alles miteinander zusammenhängt.
Sollten wir auf anderen Sternen beispielsweise Macht missbrauchen, so hat dies Auswirkungen auf unser Leben hier, zumindest zu einem gewissen Teil.

Viele Leben spielen eine Rolle bei der Inkarnation der Seele und des höchsten Selbst.

So heilen wir dies. Und unser Leben heilt. Und so sind wir auch unsere Sternenleben, sowie zahlreiche irdische Leben, und sie heilen mit uns.

Ba Ra Sekhem.
Und die alten Gewänder gehen, reines Bewusstsein ist.
Ba Ra Sekhem.
Wir sind Licht.
Und ich erlaube mir selbst, reiner Kanal zu sein (für Gott selber, der ich in Wahrheit bin). Und Gott spricht erneut: Ihr seid, die Ihr seid.
Und Ihr seid Leben.
Und Eure Anteile heilen, und ich bin Licht. Spürt die Liebe Gottes, und Ihr heilt im Licht der Einheit.
Und ich bin Leben.
Und höchstes Schöpfungswissen. Und ich erlaube allen Blaupausen zu weichen, und in Euch ist Licht = Leben.
Und wir sind Leben.
Ba Ra Sekhem.
Merlin, der aufgestiegene Meister reicht Euch die Hand. Und ebenso Kuthumi. Maha Chohan – der goldene Strahl leuchtet.
Und die Weisheit und das Wissen des All-Einen, es wird Euch zuteil, wenn Ihr aufsteigt.
Und ich bin, der ich bin.

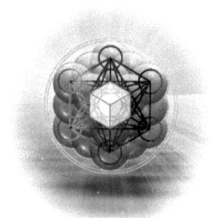

Um dies zu erleben, bitten wir Gott erneut um einen so genannten Vorschuss.

Dies meint, dass wir etwas Spirituelles erleben, das Auswirkungen auf unser jetziges Leben hat, und das Gott erlauben sollte.

Und Gott erlaubt es.

Und Gott verbindet uns mit all unseren Sternenleben, ob sie gelungen waren, oder auch nicht.

Und dies heißt, dass wir sie klären sollten, dass wir hohes Wissen wieder integrieren, dass wir ganz neue Erlebnisse machen, die uns bislang verborgen waren.

Das Wissen kann man sich vorstellen, wie einen riesigen Schatz, der uns lange begleitet hat.

Andere zu heilen, wie durch Quantenheilung, kann auf einmal in uns integriert werden.
Aber auch höchste Fähigkeiten, zu schöpfen, können wir erhalten, wenn die Sternenleben entblockiert sind.

Dies gilt zum Teil, da wir auch irdische Leben entblockieren sollten und sollen.
Dies kann durch Gott geschehen.

Spüren wir einmal die Liebe Gottes, und sie heilt unser Innen.

Goldenes Atlantis

Zu Zeiten von Atlantis war die Einheit in uns selbst zu erleben. Das heißt, wir waren mit Gott in uns stark verbunden, wir spürten das Höchste Selbst, und verkörperten Eins-Sein. Die Liebe zu Gott war unermesslich. Wir können dies spüren, sobald wir Gott bitten, unser drittes Auge zu öffnen. Wenn wir darüber meditieren, spüren wir die Liebe Gottes, spüren wir die Reinheit unseres dritten Auges und spüren Atlantis, das in uns wieder entstehen möchte. Dazu dient diese Affirmation: Gott, bitte lasse das goldene Atlantis in mir entstehen. Denn ich bin Licht. Spüren wir erneut, wo wir die Lernthemen in dieser Inkarnation haben und erleben. Gott heilt, und wir sind, die wir sind. Wir spüren die Liebe Gottes und die Affirmation wirkt – auch im dritten Auge, auch in den höchsten Chakren. Spüre, welchen Sanftmut das wahre Atlantis beinhaltet. Es entstehe aufs Neue.

Was nehmen wir wahr?

Gott heilt. Er oder sie ist weder männlich noch weiblich.
Er ist unendliche Macht und Gnade.

Spüren wir die Liebe Gottes?
Und sie heilt unser Innen.

Und wir sind, die wir sind. Dies dürfen wir sprechen.
Lassen wir dies wirken.

Und wir sind Licht.
Und wir kümmern uns um unsere Sternenleben.

Wir sind, die wir sind. Wir dienen ausschließlich Gott und
dem Licht, dies dürfen wir sagen, wenn dies auch unser
Wille ist. Und wir leben im Licht der Einheit.

Ein weiteres Sternenleben, das mit dieser Inkarnation zusammenhängt, zeigt sich nun.

Gott lenkt, und wir sehen vor unserem geistigen Auge,
um was für ein Sternenleben es sich handelt.

Spüren wir hinein, und wir heilen es erneut.
Vielleicht wissen wir intuitiv, was für Fähigkeiten wir haben, spüren, welche in uns nun aktiv werden sollen. Und
wir sind, die wir sind.

Spüren wir einmal, und wir sind Licht, Ba Ra Sekhem, um

Merlin reicht uns die Hand. Spürt die Liebe, die er ist, und wir sind Licht. Ba Ra Sekhem. Und Gott heilt. Wenn Merlin es wünscht, heilt er Euer drittes Auge, und Ihr bittet ihn. Ba Ra Sekhem. Ihr seid Licht. Und Gott ist.
Ba Ra Sekhem. Ich bin Höchstes Selbst, Bewusstsein, Lebenskraft. Und ich bin, der ich bin.

dies ägyptisch zu betonen.

Ba Ra Sekhem, Ba Ra Sekhem, Ba Ra Sekhem sprechen wir, wie ein Mantra, und wir betonen dies, dass wir Gott selber sind.

Und wir sind Gott selber.

Ba Ra Sekhem, und wir spüren die Liebe Gottes.

Lassen wir uns ganz fallen in die Liebe Gottes, und wir sind, die wir sind.
Wir heilen nun unseren Seelenatem, und wir spüren dies.

Wir sprechen in tiefer Liebe und Demut:

Gott, bitte lenke du, bitte heile mein Innen, lass mich Deine Liebe spüren und ich bin, der ich bin.

Gott lenkt, und wir sind, die wir sind. Wir geben unser ganzes Sein in Gottes Hände, und wir spüren, wie liebevoll wir in Wahrheit sind.

Wir sind Licht.

Und Gott heilt unser Innen, wenn wir ihn liebevoll darum bitten.
Und so bitten wir:

Ich bin, der ich bin, ich bin Gott selber, und ich bitte Dich,

Kuthumi reicht Euch die Hand. Er ist Licht und Liebe, und die göttliche Weisheit Kuthumis heilt Euch. Ihr seid Licht. Und Ihr betont dies.
Ich bin Licht, ich bin Liebe, ich bin Wille und Weisheit, ich bin Licht. Und ich erlaube mir selbst, hellzusehen und zu -fühlen. Unendliche Liebe & Gnade fließen ein. Fülle, Reichtum und Liebe durchströmen Euch. Und der Planet heilt. Ba Ra Sekhem. Gottes Wille ist es, die einstigen Wege des Lichtes zu erleben, und nicht die Dualität. Seid, und Ihr seid Licht. Die Aufstiegsprozesse heilen Euch. Und Ihr seid, die Ihr seid.

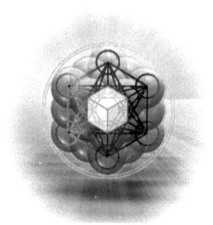

Gott, der ich in Wahrheit selbst bin, lass mich nun ein weiteres Sternenleben heilen, und ich bin Licht.

Wir spüren die Liebe Gottes. Und wir sind, die wir sind.

Und wir bitten Gott zu Hilfe, und alle Engel und Erzengel, die zuständig sind.

Wir werden nun durch Erzengel Metatron in eine heilige Geometrie gesetzt, und „auf einen Planeten gezogen", der nun angeschaut werden soll.

Und wir spüren die Liebe Gottes, und sie heilt.
Ba Ra Sekhem, um dies ägyptisch zu betonen.

Und ich bin, der ich bin. Dies sprechen wir in tiefer Liebe und Demut.

Gott heilt uns, und wir spüren das Sternenleben, das sich nun zeigt.

Was hält es für Lernthemen bereit?
Was machen wir auf dem Planeten?
Was möchte Gott mit uns erleben auf dem Planeten?

Leben wir in Freiheit, in Licht und Liebe?
Sind wir „Licht"?

Dann spüren wir die Liebe und spüren auch die Liebe der Seelen auf dem Planeten.

Energieversöhnung

Ich bin, der ich bin.
Ich bin Licht und ich bin Liebe.
Ich bin in meinen Sternentoren,
ich bin in Atlantis, in Lemurien, in Avalon und in Ägypten – denn es
gibt keine Zeit.
Und ich bitte nun, dass alles zum höchsten Wohle gefügt werde.
Und ich bin das Ich-Bin-Bewusstsein der Einheit.
Ich bin Liebe.
Ich bitte, dass nur das geschehe, was in der göttlichen Ordnung ist.
Ich bitte die göttliche Ur-Quelle um Hilfe und die geistigen Führer
und Lehrer aus der lichtvollen geistigen Welt.

Ich bitte die Engel und Erzengelkräfte um Hilfe, die zuständig sind.

Ich begrüße die Seele(n), mit der oder denen eine Energieversöh-
nung ansteht in Liebe. (Vielleicht nimmst Du wahr, welche Seelen
sich zeigen).

Ich vergebe Dir all das, was Du mir je angetan hast in allen Inkarna-
tionen, in Liebe.

Ich bitte Dich um Vergebung, für das, was ich Dir je angetan habe
in allen Inkarnationen, in Liebe.

Ich vergebe mir selbst, für das, was ich getan oder nicht getan habe
in allen Inkarnationen, in Liebe.

Ich gebe Dir nun all Deine Energien, Dinge und Fähigkeiten aus al-
len Dimensionen der Zeit zu Dir zurück. Ich bitte darum, dass auch
der Heilige Gral wirkt, in den ich Euch einweihe, sowie die Kraft der

Spüren wir etwas anderes? Wie Gefangensein? Feind-
schaften, schwierige Energien?

Dann bitten wir Gott um Hilfe.

Er oder sie klärt nun das Sternenleben.
Was ist notwendig?

Und wir sprechen eine Energieversöhnung.
[Der genaue Wortlaut findet sich auf der linken Seite.]

Sie ist schon erledigt und entschieden zum Licht.

Wir spüren die Liebe Gottes, und sie ist.
Sie durchströmt uns.
Wir lösen alle Besetzungen in uns durch Gott. Und wir
sind Licht. Wir spüren, dass wir in Wahrheit heil sind.
Und dies Heil-Sein wirkt in uns.
Wir spüren es erneut.

Und wir heilen erneut im Licht der Einheit.
Ba Ra Sekhem, um dies ägyptisch zu betonen.

Und alle Planeten dienen dem Schöpfungsgott, und so
danken wir ihm, dass er diese Energieversöhnungen erledigt mit seinen Seelen und die Dualität ist nur ein Er-
lebnis unter vielen möglichen. Und wir wählen das Licht
erneut.
Wir sind Licht.

Isis. [Bitte warten, bis der Prozess abgeschlossen ist.]

Ich nehme nun all meine Energien, Dinge, Selbstermächtigung und Fähigkeiten aus allen Dimensionen der Zeit zu mir zurück. Auch hier bitte ich um die Kraft der Isis, und um die Kraft des Heiligen Grals, in den ich „tauche". [Bitte warten, bis der Prozess abgeschlossen ist.]

Ich bitte den Erzengel Michael, alle Verträge, alle Eide, Schwüre, Gelübde, Waffenbrüderschaften, Eheversprechen, Schweige–, und Keuschheitsgelübde zwischen uns aufzuheben. [Bitte warten, bis der Prozess abgeschlossen ist.]

Ich lasse alle Wut, alle Enttäuschungen, alle Traurigkeit los.
Ich bitte den Erzengel Michael, nun alle Verstrickungen zwischen uns, aus allen Dimensionen der Zeit zu lösen, wie es nun dem höchsten Wohle aller entspricht.
Ich bitte die Engel, Heilenergien in alle Situationen, in alle Dimensionen der Zeit fließen zu lassen, wie es nun dem höchsten Wohle aller entspricht.
Ich bedanke mich bei der göttlichen Ur-Quelle, den Engeln und geistigen Führern und Lehrern, dem Erzengel Michael, bei den Seelen und unseren Schutzengeln.

Ich löse alle Begrenzungen in den sogenannten Energieversöhnungen, und Ihr nehmt Euer Wissen zu Euch zurück, in Liebe, jetzt.
Ba Ra Sekhem. Und ich bin, der ich bin. Und ich bin Licht.
Falls Ihr „nur" pauschal um Vergebung gebeten habt, solltet Ihr also nicht schon gesehen haben, so seid versichert, dass alleine die Energieversöhnung hilft.

Sprecht sie häufiger, damit Ihr Euren Ba reinhaltet.

Ba Ra Sekhem.

Und der Gott, der die Erde und alle Planeten schöpft, öffnet die Universen, damit wir aufsteigen und die verletzten Anteile in uns klären und heilen.

Und das höchste Sternenwesen reicht uns hierbei die Hand, und wir sind Licht.

Und wir klären unsere Sternenleben erneut, die nicht in der Einheit waren.

Wie eine Rückführung sehen wir vor unserem geistigen Auge hell und klar, was oder wer sich zeigt.

Wir spüren die „Dualität". Dies können Raumschiffe sein, in denen wir fliegen und eventuell sogar Sternenkriege, die ähnlich wie hier, ausgefochten werden.

Wir bitten in tiefer Liebe und Demut, die sogenannten Ringe der Dunkelheit in dem Sternenleben zu lösen, und wir spüren dies.

Wir spüren weiter. Gott erhellt uns. Und er heilt unser Innen. Wir sind Ba Ra Sekhem.

Wir spüren die Liebe, die uns trotz der meist schon vergangenen Leben durchströmt, und wir bitten Gott und die Engel und aufgestiegenen Meisterinnen und Meister, uns zu begleiten.

Wir bitten Erzengel Raziel uns zu unterstützen beim Prozess des Eins-Seins.

Er heilt uns, und wir sind Licht. Gott wirkt und Erzengel Raziel.
Wir bitten in tiefer Liebe und Demut:
Gott, bitte erhelle mein drittes Auge und lasse mich hell- und klarsehen und heilen im Licht der Einheit.

Befreie mich von allen Eiden, Bünden und Pakten.
Und ich bin Licht. Und ich diene ausschließlich Gott und dem Licht.
Dies dürft Ihr betonen.
In dem Sinne dürft Ihr bitten:
Gott, bitte helfe mir beim Eins-Sein.
Ba Ra Sekhem, und Erzengel Raziel wirkt erneut.
Ba Ra Sekhem.

Wir bitten erneut um Vergebung für unsere Taten auf fernen Planeten. Und wir sind Licht.
Gott lenkt, und wir sind, die wir sind.
Gott heilt uns, und wir vergeben uns auch selber für die Taten auf anderen Planeten.
Unser Sternenleben heilt, wenn wir liebevoll und auch intensiv Gott und die höchsten Anteile im Universum darum bitten.

Wir können bitten, und wir danken Gott.

Vermutlich sehen wir Anteile, die nicht geheilt sind.

Wir bitten Sie wieder in die Einheit; es kann zum Beispiel sein, dass sie vor unserem geistigen Auge Raumfahrer-helme ablegen, Pistolengürtel oder andere Waffen und Uniformen.

Wir sind Licht.

Außerdem gibt es Außerirdische, die dies Experiment mit der Dualität zumindest mit unterstützen; und auch hier bitten wir, dass diese Wesen ins Licht der Einheit ge-bracht werden und uns wieder ganz sein lassen.

Alles Karma weicht, wenn Gott es erlaubt.

Wir bitten Gott und die Engel um Erlaubnis, und es ist erlaubt.

Bittet Gott, Euer Meister Sein zu leben.

Zum Beispiel durch folgende Bitte:

Bitte, Gott lass mich Deine Liebe spüren, ich bin, der ich bin.

Bitte heile mich und mein inneres Kind.
Ich bin Licht. Gott ist, und wir sind Licht.
Und wir spüren unser inneres Kind und es heilt.

Wir sind Licht. Ba Ra Sekhem.

So heilt Gott die Sterneninkarnationen, die uns geschadet haben. Und wir sind Licht, und wir sind, die wir sind. Und wir bitten, dass alle Abtrennungen weichen, die diese Leben und auch Wesenheiten erzeugt haben mögen; es kann auch sein, dass wir tiefe Emotionen wieder spüren dürfen, oder dass Gefühle wie Neid, Wut, unterdrückte Ängste weichen in uns.

Wir geben die Kontrolle an Gott und so befreien wir uns aus Sternenleben, die uns geschadet haben.

Wir sind reiner Kanal. Und wir sprechen dies: wir sind *Ba Ra Sekhem*.
Und wir sind, die wir sind. Gott lenkt, und unser Innen heilt.

Wir sind reiner Kanal.

Wir bitten Gott zu lenken.
Und wir sind Liebe.

Wenn wir uns ganz Gott hinwenden, können wir diesen Planeten komplett in uns heilen, und wir sind, die wir sind, und wir sind Licht.

Und die Sternenleben heilen erneut.

Wir danken Gott und den Engeln, und wir sind Licht.
Wir spüren die Liebe Gottes erneut, und wir sind, die wir sind.

*Erzengel Metatron, ich bitte Dich, geliebter Erzengel,
verbinde mich mit Deiner Macht und Klarheit, und
ich bin, der ich bin. Ba Ra Sekhem.*

*Und die Macht Gottes wirkt in mir, ich bin Licht.
Die Macht Gottes, Geburah, Netzach, Binah, ist
Klarheit, Wissen und Hellfühlen, Macht und Liebe
zugleich, Heilung und Transzendenz.
Und wir sind Licht.
Ägyptisch: Ba Ra Sekhem.
Und die Anteile heilen, die in der Trennung waren.
Ba Ra Sekhem erneut.*

Und alles ist Licht, und alle Universen öffnen sich erneut, und wir sind, die wir sind.

Gott heilt, und wir heilen die Dualität in den Sternenleben. Wir sprechen in tiefer Liebe und Demut, *Gott bitte heile meine Sternenleben erneut.*

Wir gehen in eine tiefere Schicht in uns, damit wir begreifen, dass wir Licht und Liebe sind, und dass alle Zeitalter eins sind mit Gott, wir sind Licht und Liebe.
Und wir bitten die Erzengel um Unterstützung, um uns tiefer mit der göttlichen Urquelle vertraut zu machen, und wir sind Licht.
Wir sprechen:

Gott bitte heile mein Innen.
Lass mich aufsteigen in mein höchstes Bewusstsein, und die göttliche Urquelle reicht mir die Hand, und in Wahrheit bin ich diese.

Und wir sind Licht.

Wir spüren die göttliche Urquelle und bitten sie, uns nun in die Hallen von Amenti einzuweihen.

Wir spüren die tiefe Liebe und Verbundenheit und die Vergebung, die wir erfahren.
Es kann sein, dass wir tiefes Wissen aus der Einheit aus vielen Leben dort gelagert haben, und es wird uns zuteil, wenn dies Gottes Wille ist.

Gott lenkt, und wir sind die Erde. Wir sind Licht, Liebe,
Wille, und die Weisheit Gottes, und wir sind Licht.
Gott liebt uns unendlich. Und wir lieben Gott.
Und wir sind Leben.
Die reine Gnade Gottes fließt ein. Und so sind wir
Leben.
Spürt die Liebe Gottes, und die Engel sind wir selber.
Wir sind, die wir sind.
Lassen wir uns von Gott heilen, und wir sind Licht.
Und unsere Zellen leuchten. Und wir sind Licht.
Danke Gott von Herzen, der wir in Wahrheit sind.
Ba Ra Sekhem, um dies zu betonen.

Die Hallen öffnen sich, und wir spüren die alten Weisen des Seins, und wir sind voller Demut und erhalten zum Beispiel Wissen in Form von Schriftrollen zurück. Vielleicht spüren wir frühere Leben, die wir hatten. Und wir sind Licht.

Gott heilt uns, wenn dies der Wille Gottes, und wir spüren es, Gott wirkt. Und wir sind Licht.
Wir sind, die wir sind.
Ba Ra Sekhem.

Wir lösen nun alles negativ Geschöpfte wieder. Und wir sind Licht, wir sind, die wir sind.
Und Gott ist, und wir sind. Und wir lösen alle Versprechen an die Dunkelheit, die wir jemals gegeben haben, und wir sind Licht.
Und wir sind, die wir sind.

Gott lenkt, und wir sind.
Gott heilt uns, und wir danken Gott von Herzen.

Und wir steigen auf. Gott lenkt, und unser Herz heilt, es wurde in vielen Leben auf vielen Planeten nicht richtig gewürdigt.

Und wir leben uns selbst, und wir sind Licht.
Und unser Höchstes Selbst reicht uns die Hand.
Und wir sind, die wir sind.

Wir spüren, erneut, wo wir Sternenleben in uns nicht ge-

*Wir sind geboren in Licht und Liebe, und wir sind
Licht, und Gott heilt uns.*

*Ba Ra Sekhem. Und uns wachsen Engelsflügel.
Ba Ra Sekhem, und die Anteile heilen in uns erneut.*

*Und unser 3. Auge heilt und wird erhöht, wenn dies
Gottes Wille ist. Wir spüren, wo Gott uns heilt, und wir
sind Licht. Und wir danken Gott von Herzen.
Ba Ra Sekhem, um dies erneut zu betonen.*

klärt haben, dazu gehen wir in die reine Transzendenz.

Und wir spüren ein Sternenleben, das sich nun zeigt.

Wir steigen hierzu gemeinsam mit Erzengel Metatron in die höchsten Reiche auf.

Er zieht uns nach oben und heilt unser drittes Auge.

Bitte Gott, können wir sagen, *lass mich aufsteigen in mein höchstes Bewusstsein, und ich bin Liebe.*
Und ich heile mein Sternenleben, das sich nun zeigt.
Ba Ra Sekhem, um dies ägyptisch zu betonen.
Ba Ra Sekhem.

Und die Erde ist Licht, und alle Sterne sind es in Wahrheit ebenso.
Und wir steigen.

„Von oben" schauen wir auf das Sternenleben, und es zeigt sich, wer oder was wir sind, was wir erledigen, wie wir uns fühlen. Und wir bitten in tiefer Liebe und Demut um Vergebung, was es auch sei, das wir getan haben oder auch unterließen.

Und wir spüren die Liebe von Erzengel Metatron, und er heilt uns.
Und wir sehen erneut das Sternenwesen, das wir auf anderen Planeten sind, und wir sind Licht.
Verändert sich etwas?

Spürt die Liebe Gottes, und die Anteile in Euch sind heil.
Wir sind Licht. Und wir sind, die wir sind.
Und alle „frühkindlichen Bindungsstörungen" sind Illusionen.
Sprecht dies drei mal oder mehrfach:
Alle „frühkindlichen Bindungsstörungen" sind Illusionen.
Ba Ra Sekhem.
Und wir sind Licht. Ba Ra Sekhem.
Und Gott heilt. Er oder sie ist weder männlich noch weiblich. Und wir heilen in Licht der Einheit.
Ba Ra Sekhem.

Weichen „Schnüre" der Dunkelheit in uns? Werden wir liebevoller?

Wir können auch diese Seele in den heiligen Gral stellen. Wir verbinden uns durch Gott mit dieser Kraft, und wir sind Licht. Der heilige Gral wirkt, und auch das Sternenwesen, die Seele, die sich gezeigt hat, geht in den heiligen Gral.

Was nehmen wir wahr?
Verändert sich die Seele? Wird sie liebevoller?
Wir spüren erneut.

Und wir sind Licht.
Unser „Ahnenthemen" auf anderen Planeten und auf diesem heilen.

Denn im Grunde unseres Herzens fühlen wir die Liebe Gottes, und sie liegt allem zugrunde, und sie heilt.

Unsere Ahnenthemen können zum Beispiel Treueeide sein, so etwas wie Eheversprechen über den Tod hinaus, Elementale, auch auf anderen Planeten, also Denkmuster, die unserem Licht nicht dienen, und die (sozial) von einer Generation auf die nächste übergehen.

(Wiederkehrende) Gedanken des Mangels, der Abtrennung von Gott, Überlegungen (falsche) zu Krankheit, Armut, zu Anstrengung, Überleben.

Und wir spüren die Liebe Gottes, und sie heilt.
Wir sind, die wir sind. Und wir spüren auch Gott
selber.
Er oder sie ist unendliche Macht und Gnade und heilt
unser drittes Auge erneut.
Lassen wir dies zu. Durch folgende Bitte zum Beispiel:
Gott, bitte heile meine Hellsicht erneut.
Ich bin Licht. Und ich bin Liebe, ich manifestiere aus
dem höchsten Bewusstsein, dass ich Liebe bin.
Ich danke Gott von Herzen, der wir in Wahrheit selbst
sind. Ba Ra Sekhem, und die Anteile heilen erneut.
Ba Ra Sekhem.

Im Grunde sind wir eins mit Gott.

Und wir spüren dies, und Gott heilt unsere Ahnenthemen und unser Karma, auch auf anderen Planeten.

Wir bitten liebevoll:

Bitte Gott, wirke Du in allen Inkarnationen, Reichen und auf allen anderen Planeten in meinen Ahnenfeldern, und lass Liebe wirken und Balsam sein für mich und meine Ahnen. Lass mich alle Planeten erhellen, und alle Elementale und Glaubenssätze, die meinem Licht nicht dienen, nun ablegen.

Alle Ahnen heilen in mir, auch die Generationen, die auf anderen Planeten schwere Lasten, Kriege und karmische Leben erzeugt haben.

Ich verbinde mich mit allen Sternenleben, und ich bin, der ich bin.
Ich bin Licht.

Und alle Ahnenlinien heilen, und ich bin, der ich bin.
Ba Ra Sekhem, um dies ägyptisch zu betonen.

Und ich danke Gott in Liebe und Frieden und lasse dies wirken.
Ich löse alle Glaubenssätze in mir, und so es meinem Licht dienlich ist, alle Verbindungen zum so genannten Massenbewusstsein, sowie alle Seelenverträge mit der Dunkelheit.

*Ich bitte um Wiederherstellung meiner göttlichen
Einheit, ich bin Licht, ich bin Liebe, ich bin Wille, und
ich bin, der ich bin. Und bin Gott selber.
Und alles in mir heilt erneut. Gott ist, und wir sind
Licht.
Ba Ra Sekhem. Und die Erde ist Licht.
Gott, ich danke Dir von Herzen.*

Ich bin Licht, ich bin, der ich bin.
Ba Ra Sekhem, um dies ägyptisch erneut zu betonen.
Und alle Anteile in mir heilen.
Und ich bin, der ich bin.
Ba Ra Sekhem.

Und der hohe Druide Merlin reicht uns die Hand, und wir spüren dies.

Merlin heilt unseren Ba, und die Trennungen gehen, die uns abhielten von Atlantis und Avalon in uns.
Und wir sind, die wir sind.
Ba Ra Sekhem.

Und durch alle Linien der Ahnen ziehen wir eine Energieversöhnung. Sie ist bereits in tiefer Liebe und Demut erledigt und entschieden zum Licht.

Wir lösen erneut alle Glaubenssätze, die unserem Licht nicht dienen, und wir sind Licht.
Ba Ra Sekhem.

Und wir dienen ausschließlich Gott und dem Licht, um dies zu betonen sprechen wir:

Ich diene ausschließlich Gott und dem Licht.
Ich löse alle Seelenverträge und bitte, dass alle weichen, die ich jemals erzeugte.

Unser inneres Kind heilt, es ist Licht, und es ist in vielen Bereichen vielleicht noch nicht voll erschlossen von uns, so erschließen wir es.
Und so ist es. Lasst es zu Euch treten, und es möchte geliebt werden. So gebt ihm die Liebe, und es heilt.

Alle Sterneninkarnationen ziehe ich erneut durch Gottes Willen in den heiligen Gral, und bitte in tiefer Liebe und Demut um Erlösung meines Karmas, und wir klären die Ahnenlinie erneut.
Wir bitten in tiefer Liebe und Demut um Zugang zur Linie der Mutter wie des Vaters.

Wir sprechen:

Gott, bitte öffne die Ahnenlinie auf allen Ebenen des Seins, lass mich die DNA von allen Programmierungen befreien, die dem Licht nicht dienen, lass mich Deine Liebe spüren.

Alle karmischen Räte aus der Ahnenreihe bitte ich nun auf allen Planeten zu lösen, ich bin das Ich-Bin-Bewusstsein, und ich bin, der ich bin.

Frühere Leben heilen nun. Und wenn wir dürfen, spüren wir, in welcher Ahnenlinie es Klärungsbedarf, und seien dies Nuancen (je nach Stand der Seele), gibt.

Wir bitten Erzengel Metatron hinzu, uns die Sternenleben und die Ahnenreihen zu klären, die geheilt werden dürfen, und wir verbinden uns mit Gott selber, der wir in Wahrheit sind.

Ich löse alle Begrenzungen in mir, dies dürfen wir sagen.
Ich bin das Ich-Bin-Bewusstsein, und ich bin, der ich bin.
Ba Ra Sekhem.

Gott ist, und Gott ist reine Liebe und er oder sie begnadigt uns, und wir sind Licht.
Und wir lieben Gott und die Engel.

Sie helfen, wenn wir darum bitten, und das tun wir. Wir bitten Gott, die Engel und Erzengel, die aufgestiegenen Meisterinnen und Meister um Hilfe, und wir sind Licht.

Wir spüren dies. Und wir lassen die Hilfe zu uns kommen. Wir sind Licht, Ba Ra Sekhem, um dies ägyptisch zu betonen.

Wir sind Licht, und wir sind, die wir sind. Spüren wir die Liebe Gottes?

Dann ist alles in Ordnung, und wir lassen dies zu. Ansonsten wiederholen wir die Bitte.
Und wir spüren die Liebe Gottes. Und wir sind, die wir sind. Lasst dies wirken, und spürt, welche Meister/ innen Euch begleiten.

Ich bin, der ich bin, dies dürft ihr sagen.

Und ich erlaube mir selbst die Ahnenreihe zu klären, und dies auf allen Planeten, zu allen Raumzeiten, in allen Reichen.

Ich bin Licht.

Und ich erhelle den Ba (der Trennung) zur Einheit in mir selber.
Ich bin Licht, und alle Chakren werden nun geheilt und geklärt (und einmal erneut aus unserem Ätherkörper entfernt).

Dann channeln wir in der Reinheit des göttlichen Bewusstseins Liebe und Frieden, Harmonie und Konkordanz, das ist die Bestätigung, dass der Geist über die materiellen Entitäten siegt, und wir sind Licht.

Ba Ra Sekhem, um dies erneut zu betonen.

Die Ahnenlinien klären sich, und wir erleben uns als Licht.

Alle karmischen Verstrickungen mit unseren Eltern, Großeltern, Enkeln, Kindern, Onkeln, Tanten, Verwandten, Freunden, klären wir nun auch auf anderen Planeten, und lösen sie erneut im Licht Gottes, das wir in Wahrheit erleben und sind, denn wir sind Gott selber.

Und die Planeten heilen im Licht der Einheit, wenn wir aufsteigen, und wir sind Licht.

Gott ist reine Liebe und Gnade, und er oder sie ist Licht ohne Vorstellung auf der Erde, er berührt uns und lässt uns die Liebe Gotts spüren.

Ich bin, der ich bin, dies sagt Ihr, und Ihr seid Licht. Und ich bin, der ich bin, dies dürft Ihr öfter sprechen, um zu betonen, dass ihr Gott seid, hinter all den Kulissen, und sie weichen komplett, und wir sind, die wir sind.

Und wir lieben uns selbst, und sprechen: Gott heile uns, und wir sind Licht, und wir sind Leben.
Ba Ra Sekhem.

Ägyptisch: Ankh, und wir lassen dies wirken, wir sind Licht, und reine Gnade, und wir sind, die wir sind, Ba Ra Sekhem, erneut für hohe Seele, Höchstes Selbst, Bewusstsein und Lebenskraft, und Macht als Licht, Ba Ra Sekhem, und wir sind, die wir sind.
Und ich bin, der ich bin, dies sprecht ihr erneut. Und ihr seid Licht.

Und wir sind, die wir sind.

Alle Ahnenreihen treten hervor, und wir spüren auch Sternenkriege oder Folter, und wir vergeben und bitten um Vergebung, für alles, das, was wir jemals getan oder auch nicht getan haben.

Und wir spüren dies. Wir vergeben uns selber.

Alle Ahnenreihen werden nun auf allen Planeten geheilt und geklärt, denn wir sind Licht.

Wir sind, die wir sind.
Und die Sternenleben heilen.

Durch alle Ahnenlinien fließt die göttliche Urkraft und Heilenergien, so es die Engel erlauben, und die Verstrickungen, auch mit schwereren Zuständen, wie Folter und Krieg und Zerstörung, sie weichen.

Bitten wir erneut um Vergebung, und wir spüren dies.

Zu Zeiten von Atlantis, als wir dem goldenen Lichtweg folgten, war die Erde ein sehr liebevoller Planet.
Und wir spüren dies.

Wir dürfen an jenes Atlantis anknüpfen.
Auch wer dies noch nicht verstehen sollte, dem wird die Gnade zuteil, an die Lichtwege anzuknüpfen, die wir einst, und auch auf fernen Sternen, erleb(t)en.

*Gott ist und wir sind, und wir sind reine Liebe und
Gnade, Gott durchströmt uns, wenn er dies wünscht,
und er möchte. Und wir sind Licht.*

*Und alle Erinnerungen an uns, an unsere Kindheit,
heilen. Und wir sind Licht.*
Wir sind, die wir sind.
Und wir sind Licht, Ba Ra Sekhem, und ich bin Licht.
Dies dürft Ihr sprechen.
Lasst es wirken, und Ihr seid Licht.

Zustände des Mangels werden in uns behoben.

Und wir sind Licht.
Wir dürfen dies häufiger betonen, denn wenn wir nun dem Licht dienen, können wahre Wunder des Eins-Seins geschehen.

Wir spüren dies einmal, und wir sind, die wir sind.

Gott lenkt, und unser Innen heilt.
Gott ist, und wir sind, und wir sind Licht.

Gott heilt erneut unsere Sterneninkarnationen.

Dazu sprechen wir Gott selber an, der wir in Wahrheit sind.

Zum Beispiel durch folgende Bitte:

Gott, bitte erlaube mir erneut ein Sternenleben zu klären. Dazu bitte ich um Einweihung in die Erdkundalini, die Schlange des Lichtes der Erde, und sie steigt.

Sie steigt zum dritten Auge. Und wir sind Licht.
Zunächst heilt die Erdkundalini alte Verletzungen im Ba der Trennungen zur Einheit und wir sind Licht.

Gott heilt erneut, und wenn wir Blockaden fühlen, kann dies an alten Versprechen an die Dunkelheit liegen, die wir nun erlösen.

Gott ist, und Ihr seid Licht, und Ihr seid Gott selber, und alles ist in uns und nicht im „Außen", denn Gott ist, und wir sind. Und in Wahrheit gibt es keine Trennungen, und Ihr seid Licht. Ba Ra Sekhem.

Lasst die Trennungen los, und Ihr seid Licht. Ba Ra Sekhem.

Ich lasse alle Trennungen los, könnt Ihr sagen.

Und Ihr spürt dies. Gott ist.

Gleichzeitig richten wir uns nach oben und unten aus. Wir verbinden unseren Seelenverschmelzungspunkt in Mutter Erde und weihen uns selbst ein.

Die Erdkundalini steigt, und wir lösen gleichzeitig unsere Chakren, damit sie nicht blockieren.
Und wir spüren dies.
Unsere Verbindung mit Mutter Erde heilt.
Und wir sind, die wir sind.

Und Gott reicht uns die Hand.
Und wir sind Gott selber.
Gott heilt, und wir sind Licht.

Ba Ra Sekhem, und die reinste Macht Gottes heilt den Ba der Erde zum Licht der Einheit in uns selbst, und wir sind Licht. Wir lösen alle Trennlinien, und die Erdkundalini steigt durch uns. Sie heilt auch unser drittes Auge, und wir sind, die wir sind.

Wir sind reinster Ba, und wir lassen dies wirken. Mutter Erde heilt. Und wir sind Licht.

Und die Chakren werden erneut gelöst. Alle Trennlinien weichen erneut, und wir sind, die wir sind.
Die Erdkundalini heilt.
Und wir sind Licht. Ägyptisch: Ba Ra Sekhem.
Wir sprechen dies erneut: *Ba Ra Sekhem.*

Und wir sind Licht.

Kuthumi ist reine Gnade, und er erhellt uns.

Die Liebe Gottes heilt und unser drittes Auge heilt.
Ba Ra Sekhem.

Wir danken Kuthumi und der lichtvollen geistigen
Welt.

Und wir steigen.

Und im 8. Chakra heilt der Seelenstern, und wir sind Licht.

Spüren wir die Erdkundalini? Und wir lösen alle Chakren erneut, wir sind Licht.

Ba Ra Sekhem, Ba Ra Sekhem, Ba Ra Sekhem.

Und die Erdkundalini steigt erneut.

Die Erde und das All sind eine Illusion, und wir nehmen dies einmal wahr, und wir sind, die wir sind, Ba Ra Sekhem.

Und wir lassen die Erdkundalini wieder steigen, sogar über unseren Kopf hinaus, und wir sind Licht. Ba Ra Sekhem.
Und wir sind Licht.

Spüren wir die Liebe Gottes und der Erdkundalini? Sie steigt weiter. Und wir sind Licht. Ba Ra Sekhem erneut, um dies zu betonen.

Und die Sternenleben heilen erneut.
Gott lenkt, und wir sind Licht.

Wir sprechen:

Jesus reicht uns die Hand, und wir sind Licht, und wir danken Jesus, und wir spüren seine Liebe. Wir sind Licht, und wir sprechen: Gott, bitte heile mein Innen und Jesus, bitte begleite mich und heile mein Gehirn von allen unrunden Gedanken und Gefühlen, und bitte heile mein Innen.

Ich bin Licht, ich bin Liebe, ich bin Gott selber, und ich heile im Licht der Einheit; ich bin Licht.

Und Gott und Jesus heilen uns. Sie sind Licht ohne Ende, und wir spüren dies.

Gott und Jesus durchwirken uns, und wir sind Leben. Und wir bitten sie darum.

Gott, bitte zeige mir das Sternenleben, das ich nun anschauen soll.
Und ich danke dir von Herzen.

Wir sprechen:

Nuk hekau, und wir vertreiben die Dunkelheit erneut.
Ba Ra Sekhem.

Und auch alle Flüche und Magien auf anderen und auf diesem Planeten weichen.

Nuk hekau, nuk hekau, nuk hekau.

Und wir sind Licht.

Und wir spüren die Liebe Gottes.
Und Gott heilt.

Wir konzentrieren uns auf das Sternenleben, das nun angeschaut werden darf.

Was sehen wir, was zeigt sich?

Ich bin Licht.

Spüren wir die Liebe, die in diesem Leben gefühlt und gelebt wurde?

Sollten wir dies fühlen, dürfen wir Gott und den Engeln

Wenn wir innere Annahmen über uns denken, die nicht stimmig sind, so lassen wir sie los.
Gefühle wie Wertlosigkeit, Mutlosigkeit, falsche Glaubenssätze, und wir spüren einmal die Liebe Gottes. Sie wirkt.
Wir lassen alle Meinungen über uns los, die aus dem menschlichen Gewahrsein stammen, und die nicht stimmig sind, auch falls wir uns überschätzen, unterschätzen, andere „falsch" wahrnehmen.

Und wir sind, die wir sind. Wir sind Liebe, Frieden und Wille. Und wir sind Licht, und wir manifestieren dies. Und wir sind Liebe, und es heilt.
Wir bitten auch Jesus Sananda zu Hilfe. Und wir sind Licht.

Gott heilt unser Innen, wenn wir darum bitten, und wir bitten darum.

danken, und wir fühlen die tiefe Verbundenheit zwischen den Seelen.
Und wir sind dies.

Vielleicht spüren wir noch tiefer hinein, welche Leben wir dort führen.

Haben wir Macht? Haben wir Führungspositionen?

Haben wir Qualitäten in uns, die uns auch auf diesem Planeten helfen können?

Spüren wir einmal.
Wir sind Licht.

Und wir nehmen dies ernst. Wir sind, die wir sind.

Vielleicht spüren wir Erhabenes in uns.

Vielleicht spüren wir Liebe und Frieden. Anders als hier, und wir erlauben uns, dies auch auf diesem Planeten zu spüren und zu erleben.

Wir sind Licht.

Und unser Wissen fließt uns zu. Wir spüren dies. Wir sind Licht.

Und wir danken Gott von Herzen. Wir integrieren das Wissen von fernen Planeten, so es dem Licht dient. Und

Wir lösen alle falschen Wahrnehmungen in uns, alle Bindungsstörungen erneut, und wir spüren die Liebe Gottes.
Was wünscht sich Gott für uns?
Dass wir in Licht und Liebe leben und sind, und in Fülle. Wir sind Licht.
Und Gott heilt.
Gott lenkt und wir spüren dies.
Wir sind Licht.
Wir geben ihm das Steuer über unser Sein. Ba Ra Sekhem. Ägyptisch für hohe Seele, Höchstes Selbst, Bewusstsein, Lebenskraft und -fülle.
Ba Ra Sekhem.

wir sind Licht.

Und wir danken Gott und den Engeln. In tiefer Liebe und Demut sprechen wir: *nuk hekau, und ich bin, der ich bin, und wir sind Gott selber, ewig. Und wir sind Licht.*

Und dies wirkt, und wir spüren die Liebe Gottes, und sie heilt.

Ba Ra Sekhem.

Wir geben nun zur Verstärkung alle unsere Lebens- bücher, die wir jemals lebten, ob auf diesem oder fer- nen Planeten, in den heiligen Gral der Einheit von Allem mit Allem, und alle Lebensbücher werden geheilt.

Dies kann einen Moment dauern.

Wir spüren die tiefe Liebe und den Frieden, und auch alle Energieversöhnungen, die notwendig sind, sind be- reits erledigt und entschieden zum Licht, *und ich bin, der ich bin*, dies dürfen wir sagen.

Und wir sind Licht.

Ba Ra Sekhem, und die Anteile heilen erneut, die wir je- mals lebten.

Sprecht dies ruhig mehrmals:

Gott lenkt, und wir öffnen uns ganz dem Licht, wir
sind, die wir sind. Und Gott heilt.
Gott, wir lieben Dich und unser Höchstes Selbst.
Wir sind, die wir sind. Ba Ra Sekhem.

Und wir sind Licht. Und Gott ist, und so sind wir Licht.
Und unser Innen heilt erneut.

Ba Ra Sekhem. Wir spüren dies.

Alle Lebensbücher gehen in den heiligen Gral, und wir sind Licht.
Ba Ra Sekhem.

Und zur Verstärkung sprechen wir erneut mit allen Sternenwesen, die uns begleitet haben, eine Energieversöhnung.

Wir sind Licht.
Und die Anteile heilen in uns.

Sie sind bereits erledigt und entschieden zum Licht.

Wir lösen alle Opferhaltungen in uns, auch sie „gehen in den heiligen Gral".

Und wir bitten Gott und die Engel um Unterstützung hierbei.

Spüren wir die Veränderung?

Sind wir reine Liebe und Demut und Frieden?

Sonst sprechen wir in tiefer Liebe:

Gott, bitte heile mich so komplett wie möglich, auch von den Sternenleben, die nicht zum höchsten Wohle Aller Beteiligten geführt wurden.
Bitte erhöhe meine Schwingung, und ich sende Licht und Liebe in die Welt.

Unser Johari-Fenster schließt sich, und wir sind Licht.
Und wir sind, die wir sind.

Und die Liebe Gottes heilt, und wenn wir uns ganz
selbst ernst nehmen, entdecken wir alle Muster und
Bindungsstörungen in uns (und manches Mal im
Anderen), und wir enttarnen sie, indem wir
Gott das Steuer darüber in die Hnad geben, und ihn
in tiefer Liebe bitten, diese Muster aus uns zu
lösen. Ägyptisch: Ba Ra Sekhem. Und ich bin, der ich
bin.

Und wir spüren dies. Unsere Muster weichen.

Und ich bin, der ich bin.
Ba Ra Sekhem, um dies zu betonen.
Wir sind Licht, wir sind Liebe, Demut und Frieden, und
wir sprechen:

Gott, bitte heile unser Innen, und wir sind, die wir sind. Ba
Ra Sekhem.

Sollten wir noch Abstände zum Leben besitzen, durch
Mangel an Sein, durch Bindungen an Glaubensrichtun-
gen, Religionen, Urteilen anderer, die wir teilen, so bitten wir, auch dies nun zu heilen durch Gott, die Engel
und Erzengel sowie die aufgestiegenen Meisterinnen
und Meister, wie Jesus Christus Sananda, Lady Nada,
Kuthumi, Merlin, St. Germain, durch Anrufung von Thoth
und Isis, Osiris und dem Licht-Horus sowie Amun-Ra.

Wir sind Licht.
Ba Ra Sekhem, um dies zu betonen.

Und wir lösen alle Portale der Dunkelheit in uns auf allen
Planeten.

Unser Sternenwissen wird uns wieder integriert, und der
Saraburai reicht uns die Hand. Wir sind Licht.

Das höchste Sternewesen ist Licht ohne Ende, und der
Schöpfer der Universen heilt unser Innen, und wir bitten
darum.

Gott, heile mein Innen und stelle mein Bewusstsein wieder her, es wählt Licht. Und ich bin Licht. Die Mandelkerne heilen und die Spinalganglien. Wir sind, die wir sind.

Und wir heilen auch den Corpus callossum (den Balken zwischen den Gehirnhälften), und wir sind, die wir sind. In den Spinalganglien und in den Mandelkernen werden auch schwere Gefühle erlebt. Sie weichen zum Licht der Einheit in uns selbst , und wir „ziehen" all unsere schlechten Gefühle, Krankheiten, falschen Wahrhaben aus unserem Körper, Kopf und den Spinalganglien heraus, indem wir nun physisch an den Kopf greifen und darum bitten, dass diese nun weichen, wir ziehen sie durch einen Handgriff aus uns heraus, auch mehrfach und heilen dies durch die Engel.

Die freiwerdenden Energien gehen zurück an Gott und die Engel, und sie heilen.

Wir sind Licht. Ba Ra Sekhem, um dies zu bekunden.

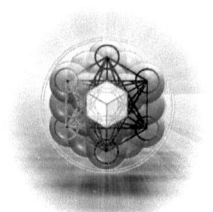

Der Schöpfer aller Universen öffnet mehrere Portale des Lichtes, um die Dunkelheit erneut zu lösen, so dies auch Eurem höchsten Wohle entspricht und erlaubt ist.
Und so ist es.

Und wir sind Licht, dies dürfen wir sagen.
Und wir sind, die wir sind.
Ist unser Sternenwissen integriert?

Spüren wir erneut.

Sonst lösen wir die Schwingungsbegrenzungen in uns.

Uns werden Engelsflügel gereicht, und wir steigen auf.
Wir sind Licht.

Ba Ra Sekhem. Wir steigen auf.
Ba Ra Sekhem, und wir sind Licht.
Ba Ra Sekhem.

Und Gott heilt. Und Amun-Ra öffnet die Hallen von Amenti erneut, um altes Wissen wieder herzustellen und uns von allen Sternenwesen, die sich im Kanal eingeklammert haben könnten, zu befreien und alle Energieversöhnungen sind bereits erledigt und entschieden zum Licht, die notwendig sind.

Ba Ra Sekhem, um dies zu betonen.
Und wir sind, die wir sind.

Alle frühkindlichen Bindungsstörungen ziehen wir ebenfalls nun über den Kopf aus uns heraus. Wir können auch Themen wie Schüchternheit, „falsche Bescheidenheit", Schamgefühle, Dienstbarkeit aus uns herausziehen und sie einem Engel in die Hand geben. Wir sind, die wir sind.
Alle ererbten Lernthemen weichen ebenso.
Und wir sind Licht. Und wir spüren dies.

Wir bitten nun die weiß violette Flamme, uns zu durchströmen, und wir lassen dies wirken.
Alle
Krankheiten weichen und wir sind, die wir sind. Und Gott heilt.

Gott, bitte erlöse alle Blockaden in mir, auch, die meine Eltern „sozial veerbt" haben. Ich danke Dir und bitte Dich erneut: Bitte, Gott, lasse alle frühkindlichen Traumen heilen.
Bitte sende Deine Engel auch zur Hilfe, und wenn es erlaubt ist, zu anderen Menschen.

Ich danke Dir von Herzen.

Und ich bin, der ich bin.

Wir lassen dies wirken, und wir sind, die wir sind.
Ba Ra Sekhem.

Sternenmeditation

Diese Meditation existiert gesprochen als Download auf dem Blog: spirit.fotografie-huels.de

Das Transkript der Meditation dient der Vertiefung und weiteren Klärung und Heilung.

Wir stellen in dieser Meditation unser Sternenwissen wieder her, und ich löse alle Portale der Dunkelheit, die Euch jemals begleitet haben, und ich bitte um Öffnung eines heiligen, heilenden, multidimensionalen, galaktischen und omniversalen Raums.

Die Meditation wird begleitet von den Engeln und Erzengeln, den geistigen Führern und Lehren, ich lade Sie herzlich ein, und wir sind Gott selber, und wir channeln in der Reinheit des göttlichen Bewusstseins.

Ich lösche alle Magien, die Euch jemals begleitet haben sowie alle karmischen Chips und Implantate, und reine Liebe sei.
Und ich bin, der ich bin, und Ihr seid Licht.
Und Gott lenkt.

Möge dies zum höchsten Wohle Aller Beteiligten geschehen, und nur das, was in der göttlichen Ordnung ist.

Und wir sind Licht, und wir sind, die wir sind, und wir sind Leben.

Und Ihr sprecht es einmal: *ich bin Ba Ra Sekhem.*

Und das heißt: ich bin Höchstes Selbst, ich bin reine Fülle, Bewusstsein, Lebenskraft, und es heilt der Ba der Trennung zur Einheit in mir selber.

Und Ihr bittet nun um jedwede Unterstützung von Gott selber, der oder die wir in Wahrheit sind, und wir sind das All-Eine selbst, und so sind wir Licht, und wir sind Leben, und die Dunkelheit ist eine Illusion.

Und so löse ich alle Treueeide, die Ihr jemals geschworen habt, so dies jetzt in der göttlichen Ordnung geschieht, so sei es, so ist es, und Ihr seid Licht.

Seid Leben, spürt in Euer Licht, und Ihr seid, die Ihr seid, und Leben, und ich bin Ba Ra Sekhem.
Und Eure Anteile heilen, und wir öffnen uns für Gott selber.

Ihr seid Licht und ich bin, der ich bin, und ich bin Sananda, und in den höchsten Reichen sind wir geheilt.

Und ich bin Sananda, und Ihr seid Licht.

Und Gott reicht Euch die Hand, und Ihr seid Licht. Auch Euer höchstes Selbst reicht Euch die Hand.

Es ist reines Licht, reines Gewahrsein. Es ist heil, und die Seele heilt im Licht der Einheit, und Ihr wählt das Licht erneut.

Seid reiner Ba, der nun nach oben gezogen wird, und ich bin Sananda, ich bin das Ich-Bin-Bewusstsein. Und ich bin Licht und Leben, ich bin Ba Ra Sekhem, und Ihr heilt im Licht der Einheit. Und Euer Licht heilt Euch, spürt hinein.

Wir werden jetzt mit einem Außerirdischen sprechen.

Und dieser ist reines Licht. Spürt hinein, und lauscht, und Ihr seid Licht.

Und dieses heile außerirdische Wesen betritt nun den Raum.

Es ist auch Sananda auf anderen Planeten.

Was nehmt Ihr war?
Was erhaltet Ihr für eine Botschaft von diesem reinen Wesen?
Es ist reines Licht, und ich bin, so wie ihr, auf fernen Sternen inkarniert und habe dort hohes Wissen, das unserem Aufstieg dient, unter anderem, und Ihr erhaltet es jetzt.

Es ist reines Licht, ich bin, der ich bin, und ich löse den Ba der Trennungen in Euch, und Euer Sternbewusstsein heilt.

Seid Leben, seid Ba Ra Sekhem, das heißt: Geist, Bewusstsein, Lebenskraft und -fülle.

Ich löse alle Trennlinien in uns, die das verhindert hatten.
Und ich bin Licht, ich bin, der ich bin, und Ihr seid, die Ihr seid, und ich löse Euren Schatten des Lichtes, und so sei es, so ist es. Und Ihr heilt, in Liebe, jetzt.

Und Euer Kanal wird heil, und ich heile Euren Ba erneut, und Kuthumi, der aufgestiegene Meister, unterstützt

dies. Und Ihr seid Licht.

Seid Leben, und Ihr seid auf vielen Welten inkarniert; zum Teil als Hohepriester/-priesterinnen.

Und auch dies wird mit Euch verbunden, gebt die Erlaubnis, und spürt, wie liebevoll Ihr seid, auch auf fernen Welten. Und so heilt dies auf fernen Welten, und es lösen sich erneut alte Bänne und Flüche auf Euer Sein, und Eure Eide, die dem Licht nicht dienen, weichen.
Und ich bin, der ich bin. Und ich bin Licht. Jesus Sananda reicht Euch die Hand, und Euer Ba heilt erneut zum Licht der Einheit und Freiheit in Euch selber, und Ihr seid Licht. Und Ihr heilet im Licht der Einheit.

Seid Leben, und die geistigen Führer reichen Euch die Hand.
Wir sind Licht, und sie heilen Euch, so es erlaubt ist, komplett, und Ihr seid Licht; in tiefer Liebe und Demut heilt Ihr, und ich bin, der ich bin, und Euer Sternenleben heilt, das Ihr Euch dort angeschaut habt, wahrgenommen habt, und ich verknüpfe Euch mit dem Licht, das Ihr in Wharheit seid.

Und Gott erlaubt es.

Euer Sternen Leben heilt, und Ihr seid Licht, und wir gehen jetzt in die höchsten Reiche, um zu heilen, und

Ihr seid Leben.

Was nehmen wir wahr, was zeigt sich vor Eurem geistigen Auge?

Seht Ihr eine sehr lichtvolle Gestalt, so dürft Ihr Sie fragen, was Ihr auf anderen Welten erledigt und erlebt.

Was spürt Ihr?

Tiefes Einverstanden sein, mit Allem was ist, und ein tiefes Verständnis dieses Universums, das aus Liebe geschöpft ist? Und es ist zwar dual, es besitzt aber das Lernthema, Liebe zu sein, und es öffnet wahre Schleusen des Glückes; wir sind Licht; und wir steigen, so es erlaubt ist, komplett, und unsere Krone heilt, unser Baum des Lebens heilt, und Ihr seid Licht.

Seid Leben auf fernen Planeten, und Ihr seid Licht.

Und Eure Zugänge heilen zum Licht, so dies erlaubt ist, komplett, und ich löse alle Bänne, die jemals auf Euch geschworen wurden, und ich löse alle Treueeide über den Tod hinaus, auch auf fernen Planeten, wenn es erlaubt ist, komplett, und Ihr seid Licht.

Und so ist es.
Und Gott erlaubt es, und Ihr seid Leben.

Und Ihr seid Licht.

Seid auch auf fernen Welten Licht. Seid Leben, und wir channeln in der Reinheit des göttlichen Bewusstseins, und wir sind Licht.

Seid reiner Kanal für Gott und die Engel und Erzengel, die mit Euch reden, so wie die aufgestiegenen Meisterinnen und Meister, und die lichtvolle geistige Welt, so wie die lichtvollen Seelen.

Heilt Euer Sternenschicksal, und die Erde ist Licht.

Sie ist aus Licht geboren, und sie ist reines Leben.

Und sowie auf anderen Planeten auch reines Leben existiert, so sind wir dieser Planet, und wir sind auch andere Planeten und Sternensysteme.

Wir müssen es bloß erkennen, und Lady Gaia reicht uns die Hand, und sie heilt.

Sie ist Licht. Und sie ist reiner Ba, unendliche Liebe und Güte, und so wir bereit sind, heilt sie uns, so wie wir sie.

Wenn es erlaubt ist, zu heilen, halten Sternenleben auch auf anderen Planeten für Euch Geschenke bereit.

Lichtpakete, die abgeholt werden möchten. Es ist Euer Sternenwissen, das Euch nun zuteil wird, es kann aber auch Wissen von diesem Planeten sein. Seht es vor Eurem geistigen Auge.

So stellt Euch Gott dieses Paket zur Verfügung. Es ist ein hohes Wissen, eben auch von fernen Planeten, das nun integriert wird.

Und dies ist bereits integriert. Und es ist geschrieben worden, dass wir dieses Paket, und die Pakete erhalten, und Ihr seid Licht.

Seid Leben, und Ihr spürt. Was nehmt Ihr wahr, und ich löse die Dunkelheit in Euch, so es erlaubt ist, komplett.

Und das reine Bewusstsein wird Euch gereicht, und ich heile Euer drittes Auge, und Ihr seid Licht.

Ihr seid, die Ihr seid, und diese Sternenpakete sind integriert.

Und Erzengel Metatron reicht Euch die Hand.

Spürt hinein in Euer Licht, und ich löse Eure dunkel gesetzten Realitäten, so es erlaubt ist, komplett, und ich bin Licht, ich bin Leben.

Und in der Reinheit des göttlichen Bewusstseins spüren wir die Liebe und den Frieden, der auch auf anderen Planeten herrscht, und wir sind reiner Ba und reiner Kanal; wir sind Gott selber, und Gott reicht uns die Hand, und wir sind reines Bewusstsein, wir sind Licht.

Und wir verschmelzen mit unserem höchsten Bewusstsein, und alle Sternenleben heilen. Spürt hinein:

Was nehmen wir wahr?

Leuchtet Ihr?

Und ich löse alle Blockaden in Euch.

Leuchtet Euer Herzzentrum? Euer Glücksmuskel?

Leuchtet die Weisheit Gottes in Euch?

Und Ihr seid Licht, und wir steigen erneut, wir sind Licht, und Metatron wirkt.

Und er löst alle Raumverschiebungen in Euch, und ich löse alle Trennlinien in Euch, und Ihr seid Licht.

Seid, und Ihr seid Licht, und Ihr steigt auf, so dies Gottes Wille ist.

Kuthumi reicht Euch die Hand, und Ihr seid Licht.

Kuthumi heilt Euch, und lasst dies zu. Und er ist reines Gewahrsein, und wie Ihr, Gott selber.

Kuthumi reicht Euch die Hand, und Ihr steigt erneut, und die heilige Merkaba leuchtet (Licht, Körper, Geist; sie ist eine heilige Geometrie, in der Ihr nun hinauf gezogen werdet, zu Eurem höchsten Bewusstsein), und Ihr seid Licht.

Ihr seid Leben, und Ihr seid Licht.

Seid, die Ihr seid: Ba Ra Sekhem.

Dies heißt ägyptisch: Geist, Bewusstsein, Lebenskraft und -fülle, und Ihr seid Licht.

Und die Fülle ist die Fülle Gottes, und Ihr seid Licht.

Seid reine Transzendenz, und Euer drittes Auge leuchtet. Und die Augen des Horus leuchten, und dieser reicht Euch die Hand.

Und nun betritt der Saraburai den Raum, und Euer Raum heilt, und er heilt Euch, ebenso wie Kuthumi. Und Merlin ist hier.

Lasst dies geschehen. Er ist reines Licht und heilt Euch.

Und Ihr erhaltet die Einweihung in den heiligen Gral, und Ihr seid Licht, und Ihr seid Leben, und Ihr seid Ba Ra Sekhem.

Und dies bewirkt etwas, das heißt, Ihr seid Licht, und der heilige Gral wirkt durch Euch, und Sananda heilt Euch, und Ihr seid Licht.

Seid Leben, und Ihr seid reines Gewahrsein, reines Bewusstsein.

Seid Transzendenz, und Ihr seid Licht, und Euer drittes Auge heilt, und die Augen des Horus leuchten erneut.

Ihr seid Licht. Und Eure Sternenleben heilen erneut, und wir werden jetzt mit Horus aufsteigen, und in Horus, und so in uns gibt es keine Trennungen, und so heilt in uns unser drittes Auge, und unser Gewahrsein.

Unsere spirituellen Drüsen werden aktiviert, die Nebennieren, und in uns leuchten die Augen des Horus. Sie erleuchten Schilddrüse, Thymusdrüse, Hypophyse, Mandelkerne, Spinalganglien. Die Zirbeldrüse, sie heilt und dabei der Corpus Callosum (die Verbindung zwischen beiden Gehirnhälften), die Brücke leuchtet, so unser Gehirn. Und die Licht-Horus-Augen leuchten, und erzeugen Frieden, Klarheit, Erweckung und Transzendenz, und wir heilen. Und der Licht-Horus steigt durch Euch. Er durchschießt Eure Krone und löst Blockaden im Hellfühlen.

Und jetzt reicht Euch das höchste Sternenwesen die Hand.

Es ist reines Licht, stammt aus höchsten Reichen, und ist der reinste Ba, und ich bin, der ich bin, ich bin höchstes Sternenleben, und Ihr seid Licht.

Unsere Krone heilt.

Seid Leben, Ba und Ankh, es leuchtet; und es geschieht etwas sehr wunderbares.

Ihr heilt erneut Eure Sternenleben und -geschwister, so dies erlaubt ist.

Dann öffnen sich Verschlüsse des Lichtes, und Ihr schaut wie durch ein Fernrohr in Euer Leben, betrachtet es von oben, und Ihr seht diese Verschlüsse.

Öffnet sie mit den Augen des Horus und durch den Saraburai.

Seht Euch von oben, und die Verschlüsse öffnen sich;

also kehrt hohes Wissen zu Euch zurück, und Ihr seid Licht.

Eure Krone heilt, und Ihr seid Licht. Seid, die Ihr seid.

Spürt Ihr die hohe Energie, die Erhabenheit von Horus, von Euch, von Gott und den Seelen, von dem hohen Sternenwesen? Und Erlaubnis erteilt, wir sind Licht auf allen Planeten, und Ihr seid Leben.

Lichthorus heilt, und er reicht Euch die Hand, und wir steigen erneut, und es öffnen sich Verschlüsse auf fernen Welten, die eurem Licht dienen, und Ihr seid Licht.

Seid Leben, und Ihr schaut einmal, wie es ausschaut auf anderen Welten. Schaut einmal, wie Lichthorus dort sein kann, wie er Euch durchströmt, wieder wie durch ein Fernrohr.

Was nehmen wir wahr?

Helle Freude? Lachen?

Seht Ihr etwas, verspürt Ihr, dass dort auch Anhaftungen herrschen können, und Ihr dürft diese lösen.

Wir dürfen sagen: ich bin Ba Ra Sekhem.

Ich löse alle Anhaftungen in mir auf fernen Planeten, auf diesem Planeten, ich bin Licht, und Atlantis heilt in Euch.
Unser altes Gebinde auf diesen und fernen Welten, und Ihr seid Licht.

Ihr seid, die Ihr seid, seid reines Leben, und Ihr seid Licht. Seid Leben und spürt erneut, dass Ihr reines Bewusstsein seid. Eure Krone heilt, Euer drittes Auge heilt erneut, und Ihr erhaltet weitere Fähigkeiten von fernen Welten, und dies dient dem höchsten Wohle.

Ihr seid Licht. Spürt die Liebe Gottes, und spürt hinein in diese Fähigkeiten.

Ihr seid Licht. Seid Leben, spürt hinein, was sie bewirken, was sie bedeuten, was damit verbunden war und ist. Und was dürft Ihr machen?

Heilt, was Euch begrenzt.

Besteht das Wissen aus telepathischen Fähigkeiten? Besteht es aus dem reinen göttlichen Wissen, und dem Kanal-Sein?

Besteht es darin, ganz eins zu sein mit Gott und den Engeln?

Besteht es darin, Euch und dem Planeten (schnell) zu helfen, ihn und sich selbst, sowie andere zu heilen? Sind es Fähigkeiten, wie Levitation, enorme Quantenheilungen, Fähigkeiten, die in der Regel kaum erträglich wären auf diesem Planeten? Spürt hinein, sie werden Euch zuteil, so dies Gottes Wille ist. Und dies ist er.

Spürt hinein.

Was nehmen wir wahr, wie liebevoll ist sie, diese Fähigkeit, wie liebevoll sind sie, diese Fähigkeiten, die wir zurück nehmen und geheilt, jetzt anwenden dürfen. Geht in die Fülle, Ihr seid reine Transzendenz.

Jetzt werden diese Fähigkeiten verstärkt, und durch Engel der hohen Einweihung begleitet, Ihr seid Licht, und alle Dunkelheit weicht erneut.

Dunkelheit heißt Abtrennung vom hohen Bewusstsein, und sie ist in Wahrheit eine Illusion (und Schwere). In Wahrheit gibt es nur Licht und keine Trennlinien und Trennungen.

Und Ihr könnt diese Meditation mehrfach lesen, um Wissen zu erhalten, ferne Welten zu erkunden und zu heilen, und auch Anteile zu heilen. Sie wollen voll integriert werden, und so lauscht auf die Stimme Eures Herzens, und so Ihr hellhört, auf die Stimme Gottes,

des All-Einen, der Ihr in Wahrheit selbst seid.
Und Ihr seid Licht.

Namasté.

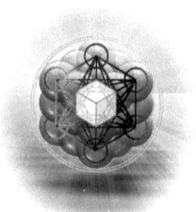

Bittet und Euch wird der Himmel geöffnet.
Bittet weise: Sha are ora, sha are ora, sha are ora.
Und die Türen zum Himmel öffnen sich.
Ba Ra Sekhem.
Und Metatron begleitet Euch.

Affirmiert erneut: Ich bin Liebe, ich bin Wille, ich bin
der ich bin, und ich bin Liebe.
Ich manifestiere aus dem höchsten Bewusstsein, dass
ich Liebe bin.
Spürt die Liebe Gottes, und sie ist reines Wissen.
Ba Ra Sekhem.

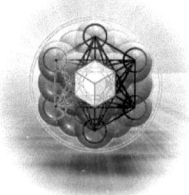

Ich danke Gott, den aufgestiegenen Meistern, den Engeln und Erzengeln, ich danke meinen Eltern in Liebe, Maria und Heinrich Schlüter, Tanja Matthöfer, Petra Langner, für Ihre langjährige Begleitung und Unterrichtungen, ich danke Barbara Salem und so zahlreichen weiteren Menschen, die ich kennenlernen darf durch Gottes Segen. Ich danke Euch.

Namasté.

Gott ist.

www.christian-huels.de
Blog: spirit.fotografie-huels.de

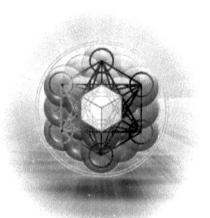